A VÉGREHAJTÓ BOTANIKAI KOKTÉL ÚTMUTATÓ

100 gyors és egyszerű kerti pohár ital

Szandra Bognár

Copyright Anyag ©2024

Minden jog fenntartva

A kiadó és a szerzői jog tulajdonosának megfelelő írásos beleegyezése nélkül ennek a könyvnek egyetlen része sem használható fel vagy továbbítható semmilyen formában vagy módon, kivéve az ismertetőben használt rövid idézeteket. Ez a könyv nem helyettesítheti az orvosi, jogi vagy egyéb szakmai tanácsokat.

TARTALOMJEGYZÉK

TARTALOMJEGYZÉK 3
BEVEZETÉS 6
VODKA 7
   1. Fokhagyma-Habanero Vodka 8
   2. Levendula-Rozmaring liqueur 10
   3. Frissítő görögdinnye vodka 12
   4. Dió likőr 14
   5. Banán likőr 16
   6. Édesgyökér ikőr 18
   7. Szilva likőr 20
   8. Mandarin likőr 22
   9. Szegfűbors likőr 24
  10. Levendula ikőr 26
  11. Zöld tea likőr 28
  12. Fahéjas likőr 30
  13. Vaníliás-kávé likőr 32
  14. Mint likőr 34
  15. Édes narancs és szegfűszeg likőr 36
  16. Seper és limoncello 38
  17. Forró vajas almabor 40
  18. Borsmentás pálinkalikőr 42
  19. Lime likőr 44
  20. Fűszeres gyógynövénylikőr 46
  21. Ananász vodka likőr 48
  22. Málnás vodka 50
  23. Papaya likőr 52
  24. Áfonya likőr 54
  25. Csokoládé likőr 56
  26. Kókuszlikőr 58
  27. Curacao likőr 60
  28. Grapefruit likőr 62
  29. Mézes likőr 64
  30. Tea likőr 66
  31. Borsmenta likőr 68
  32. Angelica likőr 70
  33. Áfonya és narancslikőr 72
  34. Köménymag likőr 74
  35. Alma Vodka likőr 76
  36. P minden Vodka likőr 78
  37. Aquavit vodka 80
  38. Citrom Vodka 82
  39. narancs Gyomorkeserű 84

40. Eper Vanília Vodka ...87
41. Citrom Gránátalma likőr ...89
42. Földi szeder narancs Infúzióban Vodka ...91
43. Mályvacukor Vodka ...93

T EQUILA ...95

44. Citromfű-Ginger likőr ...96
45. Margarita likőr ...98
46. Mexikói tea puncs ...100
47. Jalapeño Mész Tequila ...102
48. Ananász és Serrano tequila ...104
49. Gyömbér Citromfű Tequila ...106
50. Mandula arany likőr ...108

RUM ...110

51. Kávé Likőr ...111
52. Banán és kókusz likőr ...113
53. Fűszerezett Rum ...115
54. Jázmin tea likőr ...117
55. Mohaachát krém likőr ...119
56. svéd gyümölcs ban ben likőr ...121
57. Áfonya szívélyes ...123
58. Krémes rumos likőr ...125
59. Ananász Rum ...127
60. Citrusfélék Sangria ...129
61. Gyümölcs Puncs ...131

WHISKY ...133

62. Citrom Infúzióban Bourbon whisky ...134
63. Szalonnás régimódi ...136
64. Őszibarack és fahéj likőr ...138
65. Csokoládé krémlikőr ...140
66. Bing C herry likőr ...142
67. Narancs és méz L likőr ...144
68. Tejszínes likőrt sütök ...146
69. Áfonya narancs Whisky ...148
70. Kávé-Vanília Bourbon whisky ...150
71. Cseresznye-Vanília Bourbon whisky ...152
72. Alma-fahéj Whisky ...154
73. Vanília Bab Bourbon whisky ...156

GIN ...158

74. Cajun martini ...159
75. Áfonya gin ...161
76. Pomander gin ...163
77. Citrom Gyömbér kardamom Gin ...165
78. alma és Körte Gin ...167

79. Zöld Tea Gin 169
PÁLINKA **171**
   80. Mandarin narancs Likőr 172
   81. Amaretto likőr 174
   82. Sárgabarack likőr 176
   83. Málna likőr 178
   84. Almás fahéjas pálinka 180
   85. Kalifornia tojáslikőr 182
   86. Cseresznye pálinka 184
   87. Mandula likőr 186
   88. Körte likőr 188
   89. Gyömbér Likőr 190
   90. Kávé vanília likőr 192
   91. Kardamom-ábra Pálinka 194
   92. Szilva-fahéj Pálinka 196
   93. Chai-Körte Pálinka 198
KONYAK **200**
   94. Nagy narancsos-konyak likőr 201
   95. Friss füge curacao 203
   96. Chai-infundált Konyak 205
   97. Cseresznye-infúziós konyak 207
   98. Füge és Grand Marnier likőr 209
   99. Őszibarack Infúzióban Konyak 211
   100. Ananász narancs keserű likőr 213
KÖVETKEZTETÉS **215**

BEVEZETÉS

Lépjen be a varázslatos világba, ahol a legfrissebb gyógynövények, gyümölcsök és botanikai csodák egyesülnek, hogy az ízek szimfóniáját hozza létre a "A VÉGREHAJTÓ BOTANIKAI KOKTÉL ÚTMUTATÓ" című könyvben. Ez az útmutató az útlevél a kerttől az üvegig keverés birodalmába, ahol felkérjük Önt, hogy fedezzen fel 100 gyors és egyszerű receptet, amelyek kedvenc szeszes italait lenyűgöző főzetekké alakítják.

Ebben a botanikai kalandban a természet és a mixológia vibráló metszéspontját ünnepeljük, bemutatva, hogy a kertedből származó gyógynövények hogyan emelhetik új magasságokba koktéljátékodat. Képzelje el a napsütötte délutánokat, a virágzó virágok illatát hordozó lágy szellőt és a jégkockák csörömpölését egy kerti friss elixírrel töltött pohárban. Ez egy olyan érzékszervi élmény, amely túlmutat a hétköznapokon, és arra hív, hogy minden kortyban magáévá tegye a botanikai szépséget.

Legyen szó tapasztalt mixológusról vagy otthoni csaposról, aki egy csipetnyi botanikai ragyogást szeretne hozzáadni repertoárjához, ez az útmutató úgy készült, hogy inspiráljon és örömet szerezzen. A klasszikus kombinációktól kezdve az innovatív csavarokig minden recept a botanikai koktélok művészi voltáról tanúskodik, így a kezdők és a rajongók számára egyaránt elérhetővé válik.

Tehát, fogd meg a zabkolódat, válaszd ki kedvenc gyógynövényeidet, és induljunk el az ízek, az illat és a vizuális élvezet utazására, miközben belemerülünk a "A VÉGREHAJTÓ BOTANIKAI KOKTÉL ÚTMUTATÓ" című könyvbe.

VODKA

1.Fokhagyma-Habanero Vodka

ÖSSZETEVŐK:
- 1 habanero paprika
- 1 fokhagymahagyma, szétválasztva és meghámozva
- 750 milliliteres üveg vodka

UTASÍTÁS:
a) Helyezze a fokhagymát és a habanero borsot egy befőttesüvegbe.
b) Töltse meg az üveget vodkával. Zárja le és jól rázza fel.
c) 3-5 órán át áztassa.
d) Szűrje le a vodkát egy finom szűrőn.

2.Levendula-Rozmaring liqueur

ÖSSZETEVŐK:
- 750 milliliteres üveg vodka
- 1 szál friss rozmaring, leöblítve
- 2 szál friss levendula, leöblítve

UTASÍTÁS:
a) Helyezze a gyógynövényeket egy Mason-edénybe.
b) Öntse a vodkát az üvegbe.
c) Rázza fel néhányszor, és áztassa három-öt napig.
d) Szűrjük le a fűszernövényeket.

3. Frissítő görögdinnye vodka

ÖSSZETEVŐK:
- 750 milliliteres üveg vodka
- 1 görögdinnye, kockára vágva

UTASÍTÁS:
a) Egy infúziós edénybe helyezzük a kockára vágott görögdinnyét.
b) Öntsük a vodkát a gyümölcsre, és rázzuk fel néhányszor.
c) Zárja le a fedelet, és áztassa 4-6 napig.
d) Naponta egyszer vagy kétszer rázza fel.
e) Szűrjük le a görögdinnyét a vodkáról.

4.Dió likőr

ÖSSZETEVŐK:
- 2 kiló sózatlan, blansírozatlan mandula, apróra vágva
- 1 csésze cukor
- 1 üveg vodka
- Cukorszirup

UTASÍTÁS:
a) Tedd az üvegbe az apróra vágott diót, majd add hozzá a cukrot és a vodkát.
b) Meredek egy hónapig, naponta rázzuk.
c) Szűrjük le a diót.
d) Adjunk hozzá cukorszirupot.

5.Banán likőr

ÖSSZETEVŐK:
- 2 érett banán, meghámozva és pépesítve
- 3 csésze vodka
- 1 csésze cukor
- 1 teáskanál vanília kivonat
- 1 csésze víz

UTASÍTÁS:
a) Keverjük össze a tört banánt, a vodkát és a vaníliát.
b) Meredek 1 hétig.
c) Szűrjük le.
d) Keverje össze a cukrot és a vizet egy serpenyőben.
e) Közepes lángon felforraljuk.
f) Pároljuk, amíg a cukor fel nem oldódik.
g) Adjunk hozzá cukorszirupot.
h) Töltsük üvegekbe, és fedjük le szorosan .
i) Tálalás előtt legalább 1 hónappal áztassa.

6. Édesgyökér ikőr

ÖSSZETEVŐK:

- 2 evőkanál zúzott csillagánizs
- 3 csésze vodka
- 2 csésze cukor
- 1 csésze víz

UTASÍTÁS:

a) Keverjük össze a csillagánizst vodkával és áztassuk 2 hétig.
b) Szűrjük le a csillagánizst.
c) Egy serpenyőben forraljuk fel a cukrot és a vizet.
d) Pároljuk, amíg a cukor fel nem oldódik.
e) Keverjük össze a cukorszirupot és a vodka keveréket.
f) Üvegbe töltjük és szorosan lezárjuk.
g) Tálalás előtt legalább egy hónappal áztassa.

7.Szilva likőr

ÖSSZETEVŐK:

- 1 kiló friss, lila szilva
- 2 csésze vodka
- 1 csésze cukor
- 1 1 hüvelykes fahéjrúd csésze víz
- 4 egész szegfűszeg

UTASÍTÁS:

a) A szilvát kimagozzuk, és 1 hüvelykes kockákra vágjuk.
b) Keverje össze a szilvát, a cukrot, a fahéjrudakat, a szegfűszeget és a vodkát.
c) Lefedjük és 2 hónapig állni hagyjuk.
d) Időnként rázza meg az üveget.
e) Szűrjük le a folyadékot.
f) Üvegbe töltjük és szorosan lezárjuk.
g) Tálalás előtt legalább 1 hónappal áztassa.

8.Mandarin likőr

ÖSSZETEVŐK:
- 6 mandarin
- 2 csésze vodka
- ½ csésze cukor
- ¾ csésze víz

UTASÍTÁS:
a) Forgópengés hámozó segítségével hámozzuk meg a mandarinokat, csak a héját kaparjuk le, kerüljük a fehér hártyát.
b) Tegye a héjakat egy üvegbe a vodkával.
c) Fedjük le szorosan, és hagyjuk hűvös, sötét helyen ázni 3 hétig.
d) Időnként rázza meg az üveget.
e) Szűrjük le a folyadékot.
f) Keverje össze a cukrot és a vizet egy serpenyőben.
g) Közepes lángon felforraljuk.
h) Pároljuk, amíg a cukor fel nem oldódik.
i) Lehűtjük, majd hozzáadjuk a cukorszirupot.
j) Üvegbe töltjük és szorosan lezárjuk. Meredek minimum 1 hónapig.

9.Szegfűbors likőr

ÖSSZETEVŐK:
- 3/4 t evőkanál _ őrölt szegfűbors
- 1 1/2 csésze vodka
- 1/2 csésze cukorszirup

UTASÍTÁS:
a) A hozzávalókat áztassa 10 napig.
b) Szűrd le.
c) Adjunk hozzá szirupot.
d) 1-6 hónapig érik.

10. Levendula likőr

ÖSSZETEVŐK:
- 6 evőkanál Szárított levendulaszirom ___
- 1 Ötödik 80-as vodka
- 1 csésze cukorszirup

UTASÍTÁS:
a) A szirmokat egy hétig áztassa a vodkában.
b) Szűrjük át sajtrongyon.
c) Adjuk hozzá a cukorszirupot és élvezzük .

11.Zöld tea likőr

ÖSSZETEVŐK:
- 6 t evőkanál zöld tealevél
- 3 csésze vodka
- 1 csésze szirup
- 2 csepp zöld ételfesték

UTASÍTÁS:
a) Keverje össze és áztassa a tealeveleket a vodkában 24 órán keresztül.
b) Jól rázza fel az üveget, amikor hozzáadja a leveleket.
c) Adjuk hozzá az édesítőt és másnap színezzük ki.

12. Fahéjas likőr

ÖSSZETEVŐK:
- 1 fahéjrúd
- Szegfűszeg
- 1 teáskanál Őrölt koriandermag
- 1 csésze vodka
- ½ csésze pálinka
- ½ csésze cukorszirup

UTASÍTÁS:
a) Az összes hozzávalót áztassa 2 hétig.
b) Szűrjük le, amíg tiszta, és adjunk hozzá cukorszirupot.
c) 1 hétig állni hagyjuk, és már tálalhatjuk is.

13. Vaníliás-kávé likőr

ÖSSZETEVŐK:

- 1½ csésze barna cukor; csomagolt
- 1 csésze granulált cukor
- 2 csésze Víz
- ½ csésze instant kávépor
- 3 csésze vodka
- ½ vaníliarúd; hasított

UTASÍTÁS:

a) A cukrot és a vizet forraljuk 5 percig.
b) Fokozatosan keverje hozzá a kávét.
c) Keverjük hozzá a vodkát és a vaníliát.
d) Meredek 1 hónapig.
e) Távolítsa el a vaníliarudat.

14. Mint likőr

ÖSSZETEVŐK:

- 1¼ csésze friss mentalevél, megmosva és levágva
- 3 csésze vodka
- 2 csésze granulált cukor
- 1 csésze Víz
- 1 teáskanál glicerin
- 8 csepp zöld ételfesték
- 2 csepp kék ételfesték

UTASÍTÁS:

a) Áztassa a mentát és a vodkát 2 hétig, időnként rázva.
b) Szűrjük le és dobjuk ki a mentaleveleket a likőrből.
c) Egy serpenyőben keverjük össze a cukrot és a vizet.
d) Állandó keverés mellett felforraljuk.
e) Adjunk hozzá glicerint és ételfestéket.
f) Ismét meredek 1-3 hónapig.

15. Édes narancs és szegfűszeg likőr

ÖSSZETEVŐK:
- 3 csésze vodka
- 3 egész édes narancs, szeletekre vágva
- ½ citrom
- 2 egész szegfűszeg
- 1 csésze alap cukorszirup

UTASÍTÁS:
a) Keverje össze a vodkát, a narancsot, a citromot és a szegfűszeget.
b) 10 napig áztassa.
c) Szűrjük le, és dobjuk ki az átszitált szilárd anyagot.
d) Adjunk hozzá cukorszirupot.
e) Szűrjük üvegekbe, és ismét áztassuk 4 hétig.

16. S eper és limoncello

ÖSSZETEVŐK:
- 30 friss eper félbe vágva
- 4 teáskanál Limoncello likőr
- Frissen őrölt bors
- 4 teáskanál friss narancslé

UTASÍTÁS:
a) Keverje össze az epret, a narancslevet, a likőrt és a frissen őrölt p e ppert.
b) Állítsa legalább 30 percig.

17. Forró vajas almabor

ÖSSZETEVŐK:

- 1 liter almabor
- 2 fahéj rúd
- ¼ csésze könnyű kukoricaszirup
- 3 egész szegfűszeg
- 2 szelet Citrom
- 2 evőkanál sótlan vaj
- 6 uncia almalikőr

UTASÍTÁS:

a) Egy serpenyőben keverje össze az almabort, a kukoricaszirupot, a vajat, a fahéjrudakat, a szegfűszeget és a citromszeleteket.
b) Melegítsük alacsony fokozaton, amíg az almabor forró és a vaj elolvad. Levesszük a tűzről.
c) Amíg az almabor melegszik, öntsön egy uncia likőrt mind a 6 bögrébe vagy hőálló pohárba.
d) Öntse a forró almabort a bögrékbe, és azonnal tálalja.

18. Borsmentás pálinkalikőr

ÖSSZETEVŐK:
- ⅓ csésze kristálycukor
- 1 6 o unce s Light kukoricaszirup
- 2 csésze 80 proof vodka
- 2 teáskanál borsmenta kivonat

UTASÍTÁS:
a) A cukrot és a kukoricaszirupot egy serpenyőben 5 percig melegítjük.
b) Amikor a cukor feloldódott, adjunk hozzá vodkát, és jól keverjük össze.
c) Vegyük le a keveréket a tűzről, és fedjük le fedővel.
d) Hagyjuk kihűlni.
e) Adjunk hozzá borsmenta kivonatot a keverékhez, és öntsük egy üvegbe.

19. Lime likőr

ÖSSZETEVŐK:

- 2 tucat lime, megmosva és felszeletelve
- ½ teáskanál őrölt fahéj
- 6 szegfűszeg
- 2 kiló fehér cukor
- 6 csésze 80 proof vodka
- 2 csésze Víz
- Zöld élelmiszerfesték

UTASÍTÁS:

a) Keverje össze a lime-ot, a fahéjat, a szegfűszeget, a vodkát, a vizet és a fehér cukrot.
b) Jól összerázzuk, amíg a cukor fel nem oldódik. Borító.
c) Tedd hűvös helyre két hétre.
d) Finom szitán szűrjük át.
e) Dekantáljuk, átlátszó folyadékot töltünk üvegekbe.

20. Fűszeres gyógynövénylikőr

ÖSSZETEVŐK:

- 6 kardamom hüvely, magjai eltávolítva
- 3 teáskanál ánizsmag, összetörve
- 2¼ teáskanál apróra vágott angyalgyökér
- 1 fahéjrúd
- 1 szegfűszeg
- ¼ teáskanál buzogány
- 1 Ötödik vodka
- 1 csésze cukorszirup
- Tartály: 1/2 gallonos tégely

UTASÍTÁS:

a) Keverje össze az összes összetevőt.
b) Jól rázza fel és áztassa 1 hétig.
c) Szűrjük le többször.
d) Adjuk hozzá a cukorszirupot.

21. Ananász vodka likőr

ÖSSZETEVŐK:
- 1 édes ananász hámozott; kimagozzuk és felszeleteljük
- 1 üveg vodka; 750 ml
- 2½ uncia ananászos vodka
- ¾ uncia Grand Marnier

UTASÍTÁS:
a) Tegyen egy érett ananászt egy edénybe, és fedje le egy üveg vodkával.
b) Minimum 48 órára hűtőbe tesszük.

22. Málnás vodka

ÖSSZETEVŐK:
- 25 o unce s üveg vodka
- 1 - pint málna

UTASÍTÁS:
a) Keverje össze a vodkát friss málnával.
b) Meredek 3 napig.

23.Papaya likőr

ÖSSZETEVŐK:
- 1 citromszelet, lekapart héja
- 1 papaya, meghámozva, a magokat eltávolítva és felkockázva
- 1 csésze vodka
- ¼ csésze cukorszirup

UTASÍTÁS:
a) Meredek papaya vodkában 1 hétig.
b) A gyümölcsöt leszűrjük, levét kicsavarjuk.
c) Adjunk hozzá cukorszirupot.

24. Áfonya likőr

ÖSSZETEVŐK:
- 3 csésze friss áfonya, leöblítve és összetörve
- 1 db szegfűszeg
- ½ csésze cukorszirup
- 2 csésze vodka
- 1 db citrom széllel, lekapart héjjal

UTASÍTÁS:
a) Keverje össze a bogyókat vodkával, citromhéjjal és szegfűszeggel.
b) Meredek 3 hónapig.
c) Szűrjük le a szilárd anyagokat.
d) Adjunk hozzá cukorszirupot.

25.Csokoládé likőr

ÖSSZETEVŐK:
- 2 teáskanál tiszta csokoládé kivonat
- ½ teáskanál tiszta vanília kivonat
- 1½ csésze vodka
- ½ csésze cukorszirup
- ½ teáskanál friss menta
- 1 csepp borsmenta kivonat

UTASÍTÁS:
a) Keverje össze az összes összetevőt, és áztassa 2 hétig.
b) Adjunk hozzá menta és borsmenta kivonatot.
c) Meredek még 2 hétig.

26.Kókuszlikőr

ÖSSZETEVŐK:
- ½ csésze pálinka
- 2 csésze Csomagolt kókusz
- 4 koriander mag
- ¼ teáskanál vanília kivonat
- 3 csésze vodka

UTASÍTÁS:
a) Az összes hozzávalót összekeverjük, és 4 hétig áztatjuk.
b) Néhány naponként fordítsa meg az edényt.

27.Curacao likőr

ÖSSZETEVŐK:

- 3 evőkanál keserű narancs, meghámozva és szeletekre vágva
- 2⅔ csésze 80 proof vodka
- 1⅓ csésze víz
- 2 csésze fehér cukor
- 12 egész szegfűszeg
- 1 teáskanál őrölt fahéj
- 2 teáskanál egész koriandermag

UTASÍTÁS:

a) Tegye a narancsszeleteket a keserű narancshéjjal, a szegfűszeggel, a korianderrel és a fahéjjal együtt egy üvegbe.
b) Keverjük össze a cukrot, a vodkát és a vizet.
c) Erősen rázzuk, amíg a cukor fel nem oldódik.
d) Meredek akár 5 hétig.
e) Szűrjük le és hagyjuk kitisztulni.

28. Grapefruit likőr

ÖSSZETEVŐK:
- 6 grapefruit
- 3 csésze 80 proof vodka
- 1 csésze Víz
- 2 evőkanál egész koriandermag
- 1 teáskanál őrölt fahéj
- 4 csésze fehér cukor

UTASÍTÁS:
a) Keverjük össze a hozzávalókat.
b) Fedjük le és áztassuk több hétig.
c) Szűrjük le, és hagyjuk a likőrt egy héttől 10 napig dermedni.
d) Öntse le a tiszta likőrt.

29. Mézes likőr

ÖSSZETEVŐK:
- 2 csésze vodka
- ¾ font méz
- 1 hosszú narancs héja
- 1 csésze víz, meleg, de nem forr
- 1 szegfűszeg
- 2 fahéjrúd, egyenként 2 hüvelyk

UTASÍTÁS:
a) Oldja fel a mézet a vízben.
b) Adjuk hozzá a mézes keveréket a vodkához, a fűszerekhez és a narancshéjhoz.
c) Hagyja meredek, jól lezárt rázást néhány naponta.
d) Meredek 2 vagy 3 hétig.
e) Szűrjük le a szilárd anyagokat.

30.Tea likőr

ÖSSZETEVŐK:
- 2 teáskanál fekete tealevél
- 1½ csésze vodka
- ½ csésze cukorszirup

UTASÍTÁS:
a) A szirup kivételével mindent áztasson 24 órán át.
b) Szűrjük le és adjunk hozzá cukorszirupot.
c) Meredek 2 hétig.

31. Borsmenta likőr

ÖSSZETEVŐK:
- 2 teáskanál borsmenta kivonat
- 3 csésze vodka
- 1 csésze cukorszirup

UTASÍTÁS:
a) Keverje össze az összes összetevőt és keverje össze.
b) Meredek 2 hétig.

32. Angelica likőr

ÖSSZETEVŐK:
- 3 evőkanál szárított, apróra vágott angyalgyökér
- 1 evőkanál darált mandula
- 1 szegfűbors bogyó, törve
- ⅛ teáskanál porított koriandermag
- 1 teáskanál _ _ szárított majoránna levelek
- 1 db fahéjrúd, törve
- 1½ csésze vodka
- ½ csésze granulált cukor
- 6 ánizsmag, törve
- ¼ csésze víz
- 1 csepp minden sárga és zöld ételfestékből

UTASÍTÁS:
a) Keverje össze az összes gyógynövényt, diót és fűszert vodkával.
b) Szorosan fedje le és rázza fel naponta 2 hétig.
c) Szűrjük le, és dobjuk ki a szilárd anyagokat.
d) Tisztítsa meg az áztatóedényt, és helyezze vissza a folyadékot az edénybe.
e) serpenyőben felforrósítjuk a cukrot és a vizet .
f) Adjunk hozzá ételfestéket és adjuk a likőrhöz.
g) Meredek 1 hónapig.

33.Áfonya és narancslikőr

ÖSSZETEVŐK:
- 1 csésze narancs ízű likőr
- 1 csésze Víz
- 1 csésze cukor
- 1½ font friss áfonya
- 20 friss levendula virágfej

UTASÍTÁS:
a) Egy serpenyőben keverjük össze a likőrt, a vizet és a cukrot.
b) H enni , gyakran kevergetve, amíg a cukor fel nem oldódik.
c) Tegye az áfonyát forró üvegekbe, és 4 levendulafejet minden üvegbe.
d) Öntsön forró folyadékot üvegekbe.
e) Az üvegeket forró vízfürdőben 15 percig melegítjük .

34.Köménymag likőr

ÖSSZETEVŐK:
- 4 evőkanál kömény zúzva vagy félig darálva
- 1 csésze cukor
- 1 üveg vodka
- 1 literes üveg

UTASÍTÁS:
a) Tegye a magokat egy tiszta edénybe.
b) Adjuk hozzá a cukrot és a vodkát.
c) Rázza fel naponta egy hónapig.
d) Szűrjük le a magokat, adjunk hozzá cukrot.

35.Alma Vodka likőr

ÖSSZETEVŐK:
- 2 kiló fanyar/édes ízű alma, magház nélkül és apróra vágva
- 1 csésze cukor
- 1 üveg vodka
- 1 fél literes üveg

UTASÍTÁS:
a) Adjuk hozzá a cukrot és a pálinkát, majd fedjük le az üveget.
b) Rázza fel minden nap egy-két hónapig.
c) Szűrjük le a gyümölcsöt, és adjunk hozzá cukorszirupot.

36.P minden Vodka likőr

ÖSSZETEVŐK:
- 2 kiló érett őszibarack
- 1 csésze cukor
- 1 üveg vodka

UTASÍTÁS:
a) Adja hozzá az őszibarackot, a cukrot és az alkoholt egy üvegbe.
b) Fedjük le és rázzuk fel naponta egyszer egy-két hónapig.
c) leszűrjük, majd cukorsziruppal édesítjük.
d) Ezek a gyümölcsök is szép enyhén fűszerezve egész fűszerekkel.

37. Aquavit vodka

ÖSSZETEVŐK:
- 50 uncia jó minőségű vodka
- 3 evőkanál köménymag , pirított
- 2 evőkanál köménymag , pirított
- 2 evőkanál kapormag , pirított
- 1 evőkanál édesköménymag , pirított
- 1 evőkanál koriandermag , pirított
- 2 egész csillagánizs
- 3 egész szegfűszeg
- Hámozzon meg ½ bio citromot, és vágja csíkokra
- Hámozzon meg ½ bionarancsot, és vágja csíkokra
- 1 uncia egyszerű szirup

UTASÍTÁS:
a) A magokat mozsártörővel enyhén törje össze, majd tegye egy infúziós edénybe .
b) Adjuk hozzá a csillagánizst, a szegfűszeget, a citrom- és narancshéjat, majd a vodkát.
c) Szorosan zárjuk le fedővel, és röviden rázzuk össze.
d) Szobahőmérsékleten infundálja legalább 2 hétig. Infúzió közben 2 naponta rázza fel az üveget.
e) Szűrjük le a folyadékot.
f) Adjuk hozzá az egyszerű szirupot és palackozzuk be.

38. Citrom Vodka

ÖSSZETEVŐK:

- 750 ml vodka
- ¼ csésze szárított bio citromhéj

UTASÍTÁS:

a) Hámozzon meg 3 friss bio citromot, vékony csíkokra vágva, mag nélkül
b) Egy fél gallonos befőttesüvegben öntsön vodkával a citromhéjat és a friss héjat.
c) Lefedjük és 2 napig állni hagyjuk.
d) A citrom héját leszűrjük.

39. narancs Gyomorkeserű

ÖSSZETEVŐK:
- 3 bionarancs héját meghámozzuk, vékony csíkokra vágjuk
- ¼ csésze szárított bio narancshéj
- 4 egész szegfűszeg
- 8 zöld kardamom hüvely, repedve
- ¼ teáskanál koriandermag
- ½ teáskanál szárított tárnicsgyökér
- ¼ teáskanál egész szegfűbors
- 2 csésze erős vodka
- 1 csésze víz
- 2 evőkanál gazdag szirup

UTASÍTÁS:

a) Tegye a narancshéjat, a szárított narancshéjat, a fűszereket és a tárnicsgyökeret egy 1 literes Mason üvegbe.
b) Adjuk hozzá a vodkát.
c) Fedjük le és áztassuk 2 hétig.
d) Naponta egyszer rázzuk fel.
e) Szűrje le a folyadékot egy tiszta, 1 literes Mason-edénybe.
f) Tegye át a szilárd anyagokat egy serpenyőbe. Fedjük le az üveget és tegyük félre.
g) Öntsük a vizet a serpenyőben lévő szilárd anyagokra, és forraljuk fel közepes lángon.
h) Fedjük le a serpenyőt, csökkentsük a hőt alacsonyra, és pároljuk 10 percig.
i) serpenyőben lévő folyadékot és szilárd anyagokat egy másik 1 literes Mason-edénybe.
j) Fedjük le és áztassuk egy hétig, minden nap rázza meg az üveget.
k) Szűrje le a szilárd anyagokat sajtkendővel, és dobja ki a szilárd anyagokat. Adja hozzá a folyadékot az eredeti vodkakeverékkel ellátott tégelyhez.
l) Adjuk hozzá a gazdag szirupot, keverjük jól össze, majd zárjuk le a fedőt és rázzuk össze, hogy a szirup összekeveredjen és feloldódjon.
m) Meredek 3 napig.
n) Ezután szedjen le mindent, ami a felszínre úszik, és szűrje át még egyszer a sajtruhán.
o) Használjon tölcsért a palackozáshoz.

40. Eper Vanília Vodka

ÖSSZETEVŐK:

- 1 liter vodka
- 2 csésze eper, szeletelve
- 2 vaníliarúd, hosszában kettévágva

UTASÍTÁS:
a) Tegye az epret egy tiszta üvegedénybe vaníliarúddal.
b) Adjunk hozzá vodkát, és áztassuk legalább 3 napig.
c) Szűrjük le és dobjuk ki az epret és a vaníliarudat.
d) Szűrje le néhányszor, hogy eltávolítsa az összes üledéket.

41. Citrom Gránátalma likőr

ÖSSZETEVŐK:

- 1 csésze gránátalma mag
- 750 ml vodka
- 1 citrom szeletekre vágva

UTASÍTÁS:
a) Keverje össze az összes összetevőt egy üvegben.
b) Öt napig meredek, minden nap rázva,
c) Szűrje le az infúzió összetevőit.

42. Földi szeder narancs Infúzióban Vodka

ÖSSZETEVŐK:

- 1 csésze szeder
- 750 ml vodka
- 1 bionarancs szeletekre vágva

UTASÍTÁS:
a) Keverje össze az összes összetevőt egy üvegben.
b) Meredjen három napig, minden nap rázzuk.
c) Szűrje le az infúzió összetevőit.

43. Mályvacukor Vodka

ÖSSZETEVŐK:

- Mályvacukor, darabokra vágva
- Vodka

UTASÍTÁS:

a) Tegye a mályvacukrot egy francia présbe.
b) Öntsön vodkát a présbe a mályvacukrot, amíg meg nem telik.
c) Legalább 12 órán át áztassa.
d) Szűrjük le és tároljuk.

TEQUILA

44.Citromfű-Ginger likőr

ÖSSZETEVŐK:
- 2 szál friss citromfű, meghámozva és apróra vágva
- 1 friss gyömbér
- 750 milliliteres üveg Blanco tequila

UTASÍTÁS:
a) Tegye a citromfüvet és a gyömbért egy üvegbe.
b) A tequilát öntsük a fűszernövényekre, és rázzuk fel.
c) Zárja le szorosan a fedelet, és áztassa körülbelül 2 hétig.
d) Szűrjük le a szilárd anyagokat.

45. Margarita likőr

ÖSSZETEVŐK:

- 1 lime héja; folytonos spirálba vágjuk
- 1 üveg ezüst tequila
- 1 narancs héja; folytonos spirálba vágjuk
- 6 uncia Cointreau

UTASÍTÁS:

a) Egy hozzá citrus és lime héját s a tequilához, majd hozzáadjuk a Cointreau-t.
b) Hűtőbe tesszük minimum 1- re nap.
c) Távolítsa el a héját , ha a likőr keserűvé kezd válni.

46. Mexikói tea puncs

ÖSSZETEVŐK:
- 2 csésze Tequila
- 2 csésze tea; Erős, hideg
- 1 csésze ananászlé
- ¼ csésze méz
- ¼ csésze víz
- ¼ csésze lime lé
- ¼ csésze citromlé
- 1½ teáskanál fahéj; Talaj
- 1½ teáskanál aromás keserű

UTASÍTÁS:
a) Keverje össze az összes összetevőt.
b) Jég felett tálaljuk.

47. Jalapeño Mész Tequila

ÖSSZETEVŐK:
- 1 liter Blanco tequila
- 2 jalapeño, szeletekre vágva
- 2 lime, szeletelve

UTASÍTÁS:
a) Meredek hozzávalókat minimum 12 órán keresztül.
b) Szűrjük le és dobjuk ki a jalapenót és a lime-ot.
c) Szűrje le néhányszor, hogy eltávolítsa az összes üledéket.
d) Tiszta üvegbe zárjuk.

48. Ananász és Serrano tequila

ÖSSZETEVŐK:

- 750 ml tequila
- Serrano chili paprika; magvas
- 1 szál tárkony
- 1 ananász; meghámozzuk, kimagozzuk és felkockázzuk

UTASÍTÁS:

a) Az összes hozzávalót összekeverjük és jól összerázzuk.
b) Meredek 48-60 órán át.
c) Szűrje le a tequilát, és fagyassza le további 12 órára.
d) Pohárban tálaljuk.

49.Gyömbér Citromfű Tequila

ÖSSZETEVŐK:
- 750 ml-es üveg prémium Blanco tequila
- 2 szál citromfű
- 1 friss gyömbér

UTASÍTÁS:
a) Vegyünk citromfüvet, és húzzuk le a fedelet.
b) Adjuk hozzá a citromfüvet és egy szelet gyömbért.
c) Adjuk hozzá a tequilát.
d) Meredek 2 hétig.
e) Szerver feszítés után.

50.Mandula arany likőr

ÖSSZETEVŐK:

- 8 uncia hámozatlan mandula; pirítjuk és apróra vágjuk
- ½ vaníliarúd; hasított
- 1 rúd fahéj; 3 hüvelykes
- 1 üveg arany tequila
- 2 evőkanál fűszeres piloncillo szirup
- ¼ teáskanál tiszta mandula kivonat

UTASÍTÁS:

a) Keverjük össze a diót, a vaníliarudat és a fahéjat.
b) Adjuk hozzá a tequilát, és áztassuk 2 hétig.
c) Szűrjük le többször.
d) Adjunk hozzá szirupot és mandula kivonatot.
e) Üvegbe töltjük: és még 2 hétig áztatjuk.

RUM

51. Kávé Likőr

ÖSSZETEVŐK:
- 1 recept hidegen főzött kávéhoz
- ½ csésze víz
- ½ csésze sötétbarna cukor
- 1 csésze sötét rum
- ½ vaníliarúd, hasítva

UTASÍTÁS:
a) A vizet és a barna cukrot nagy lángon felforraljuk.
b) Pároljuk, és kevergetve feloldjuk a cukrot.
c) Keverje össze a cukorszirupot, a rumot és a kávét egy üvegben.
d) Keverje hozzá a vaníliamagot és a hüvelyt a kávékeverékhez.
e) Tegye vissza a fedőt az üvegre, és áztassa legalább 2 hétig, naponta egyszer rázva.
f) Távolítsa el a vaníliarudat.

52. Banán és kókusz likőr

ÖSSZETEVŐK:

- ½ csésze párolt tej
- 1½ csésze rum
- ½ csésze vodka
- 2 érett banán; pépesítve
- ½ csésze édesített sűrített tej
- 2 teáskanál kókusz kivonat
- 1 csésze kókuszkrém

UTASÍTÁS:

a) Keverje össze a banánt, a kókuszkivonatot, a rumot, a tejet és a vodkát.
b) Adjuk hozzá újra a kókusztejszínt és a hüvelyeseket.

53.Fűszerezett Rum

ÖSSZETEVŐK:

- 1 egész szerecsendió
- 3 szegfűbors bogyó
- 1 köldöknarancs, meghámozva
- 1 vaníliarúd hosszában kettévágva
- 750 milliliteres üveg érlelt rum
- 2 egész szegfűszeg
- 1 kardamom hüvely
- 4 szem fekete bors
- Cirok szirup
- 1 fahéjrúd, összetörve
- 1 csillagánizs

UTASÍTÁS:

a) Helyezze az egész szerecsendiót egy tiszta törülközőbe, és verje meg egy kalapáccsal.
b) Tedd egy serpenyőbe a szerecsendiót és az összes többi fűszert.
c) A fűszereket enyhén pirítjuk 2 percig.
d) Levesszük a tűzről és hagyjuk kihűlni.
e) Tegye át egy darálóba, és pulzáljon.
f) Tedd a héját egy 1 literes Mason üvegbe, és add hozzá a rumot és a pirított fűszereket.
g) Zárja le a fedelet, rázzuk össze, hogy összeolvadjon, és áztassa 24 órán át.
h) A fűszerezett rumot szűrőn leszűrjük.
i) Tiszta üvegedénybe vagy üvegbe töltjük és felcímkézzük.

54.Jázmin tea likőr

ÖSSZETEVŐK:
- 1 literes sötét rum
- ½ csésze jázmin tea
- 1 csésze cukorszirup

UTASÍTÁS:
a) A szirup kivételével mindent áztasson 24 órán át.
b) Adjuk hozzá a cukorszirupot.

55.Mohaachát krém likőr

ÖSSZETEVŐK:

- ¼ teáskanál kókusz kivonat
- 4 teáskanál instant eszpresszó kávépor
- 1 csésze sötét rum
- ½ teáskanál őrölt fahéj
- ½ teáskanál vanília kivonat
- 1 csésze kemény tejszín
- 1 doboz édesített sűrített tej
- ¼ csésze csokoládé ízű szirup

UTASÍTÁS:
a) Az összes hozzávalót aprítógépben összedolgozzuk.
b) Pörgessük addig, amíg a keverék sima nem lesz.

56. svéd gyümölcs ban ben likőr

ÖSSZETEVŐK:

- 1 pint áfonya, hántolt
- 1 pint málna, hántolt
- 1 pint eper, hántolt
- 1 pint Piros ribizli
- 1 csésze kristálycukor
- ⅔ csésze pálinka
- ⅔ csésze könnyű rum
- Tejszínhab a díszítéshez

UTASÍTÁS:
a) Helyezze a bogyókat és a piros ribizlit egy üvegtálba.
b) Adjunk hozzá cukrot, pálinkát és rumot, időnként megkeverve.
c) Egy éjszakán át áztatjuk a hűtőben.

57. Áfonya szívélyes

ÖSSZETEVŐK:

- 8 csésze nyers áfonya, apróra vágva
- 6 csésze cukor
- 1 liter Light vagy borostyán rum

UTASÍTÁS:
a) Keverje össze az áfonyát, a cukrot és a rumot egy üvegben.
b) Meredek 6 hétig, minden nap rázza.
c) Szűrje le a szívélyes.

58.Krémes rumos likőr

ÖSSZETEVŐK:

- 400 ml sűrített tej
- 300 milliliter tejszín
- 2 teáskanál instant kávé forralt vízben feloldva
- 300 milliliter tej
- ¾ csésze rum
- 2 evőkanál csokoládészósz

UTASÍTÁS:
a) Keverje össze az összes összetevőt.
b) Hűtve tálaljuk.

59. Ananász Rum

ÖSSZETEVŐK:
- 1 ananász kimagozva és lándzsákra szeletelve
- 1 liter fehér rum

UTASÍTÁS:
a) Keverjük össze az ananászt és a rumot egy üvegedényben, és zárjuk le.
b) Legalább 3 napig áztassa.
c) Szűrjük át egy finom szitán, és dobjuk ki az ananászt.
d) Tiszta üvegbe zárjuk.

60. Citrusfélék Sangria

ÖSSZETEVŐK:

- 750 milliliteres üveg édes Moscato
- 1½ csésze ananászlé
- 1 csésze fehér rum
- 1 csésze ananászdarabok
- 2 lime, szeletelve
- 2 narancs, szeletelve

UTASÍTÁS:
a) Az összes hozzávalót egy kancsóba tesszük és összekeverjük.
b) Tálalás előtt legalább 2 órára hűtőbe tesszük.

61. Gyümölcs Puncs

ÖSSZETEVŐK:

- 6 csésze gyümölcs puncs
- 3 csésze ananászlé
- 2 csésze őszibarack pálinka
- 2 csésze fehér rum
- 1 csésze citrom-lime szóda
- ¼ csésze limelé
- 2 lime, szeletelve és lefagyasztva
- 1 narancs felszeletelve és lefagyasztva

UTASÍTÁS:

a) Keverje össze a gyümölcs puncsot, az ananászlevet, az őszibarack pálinkát, a rumot, a szódát és a lime levét egy kancsóban.
b) Keverjük jól össze, majd fedjük le és tegyük hűtőbe szép és hidegre.
c) Öntsük a gyümölcspuncsot egy puncstálba, majd adjuk hozzá a fagyasztott gyümölcsöt.
d) Tálald és élvezd!

WHISKY

62. Citrom Infúzióban Bourbon whisky

ÖSSZETEVŐK:

- 2 uncia gyömbérlikőr
- 2 uncia bourbon
- ½ bio citrom

UTASÍTÁS:

a) Tegye a gyömbérlikőrt és a citromot egy keverőpohárba.
b) Zavarral jól keverjük össze.
c) Adjunk hozzá körülbelül egy csésze tört jeget és a bourbont.
d) Keverjük jól, amíg az üveg fagyos nem lesz.
e) Öntsük egy koktélpohárba vagy borospohárba; ne erőlködjön.
f) Díszítsük citrom szelettel.

63. Szalonnás régimódi

ÖSSZETEVŐK:
BOURBON-BACON:
- 4 szelet bacon, főtt és zsírban lerakva
- 750 ml. üveg bourbon

RÉGIMÓDI:
- 2 csipetnyi Angostura keserű
- 2 uncia baconnel átitatott bourbon
- 1/4 uncia juharszirup

UTASÍTÁS:
A SZALONNÁZATOS BOURBONHOZ

a) Keverje össze a bourbont és a szalonnazsírt egy nem porózus edényben.
b) Szűrjük le, és hagyjuk állni 6 órán át a fagyasztóban.
c) Távolítsa el a zsírt, és szűrje vissza a keveréket az üvegbe.

A KOKTELÉHOZ

d) Keverje össze a baconnel átitatott bourbont, a juharszirupot és a keserűt jéggel.
e) Szűrd le egy lehűtött, jéggel teli pohárba.

64. Őszibarack és fahéj likőr

ÖSSZETEVŐK:

- 1½ font őszibarack; meghámozzuk és felszeleteljük
- 1½ csésze cukor
- 4 citrom héja; csíkok
- 3 egész szegfűszeg
- 2 fahéj rúd
- 2 csésze Bourbon

UTASÍTÁS:

a) Keverje össze az összes hozzávalót és melegítse 40 percig, amíg a cukor fel nem oldódik, és kétszer keverje meg.
b) Fedjük le és hagyjuk állni 3-4 napig.
c) Használat előtt szűrjük le.

65. Csokoládé krémlikőr

ÖSSZETEVŐK:
- 2 csésze kemény tejszín
- 1 csésze whisky
- ¼ csésze cukrozatlan kakaópor
- 14 uncia édesített sűrített tej
- 1½ evőkanál vanília kivonat
- 1 evőkanál instant eszpresszó por
- 1 evőkanál kókusz kivonat

UTASÍTÁS:
a) Aprítógépben az összes hozzávalót simára keverjük.

66.Bing Cherry likőr

ÖSSZETEVŐK:

- 2 szelet Citrom
- 1 Ötödik VO
- Bing cseresznye
- 2 evőkanál cukor

UTASÍTÁS:

a) Minden üveget félig töltsünk meg cseresznyével.
b) Mindegyikhez adjunk egy szelet citromot és egy evőkanál cukrot.
c) Ezután töltse fel a tetejéig VO-val, zárja le szorosan a fedelet, rázza fel, és hűvös helyen áztassa 6 hónapig.

67. Narancs és méz L likőr

ÖSSZETEVŐK:

- 1 üveg whisky
- 2 csésze narancsvirágméz
- 2 narancs vagy mandarin héja
- 4 evőkanál koriandermag, zúzva

UTASÍTÁS:

a) Keverjünk össze mindent az edényben.
b) Zárja le a fedelet, és egy hónapig naponta egyszer rázza fel.
c) Szűrjük le, és palackozzuk be a likőrt.

68. Tejszínes likőrt sütök

ÖSSZETEVŐK:
- 1¼ csésze ír whisky
- 14 uncia édesített sűrített tej
- 1 csésze kemény tejszín
- 4 tojás
- 2 evőkanál csokoládé ízű szirup
- 2 teáskanál instant kávé
- 1 teáskanál vanília kivonat
- ½ teáskanál mandula kivonat

UTASÍTÁS:
a) Az összes hozzávalót turmixgépben turmixoljuk simára.

69. Áfonya narancs Whisky

ÖSSZETEVŐK:
- 2 fahéj rúd
- ½ csésze friss áfonya
- 1 narancs, szeletekre vágva
- 1 liter whisky

UTASÍTÁS:
a) Keverje össze az áfonyát, a narancsot, a whiskyt és a fahéjrudat egy üvegedényben.
b) Legalább 3 napig áztassa.
c) Szűrje le és dobja ki az áfonyát, a narancsot és a fahéjat.
d) Tiszta üvegbe zárjuk.

70. Kávé-Vanília Bourbon whisky

ÖSSZETEVŐK:

- 2 vanília bab , hasított
- 1/2 csésze kávé bab némileg összetörve
- 32 uncia a whiskyből

UTASÍTÁS:

a) Keverjük össze mindent, és áztassuk hűvös, sötét helyen legalább 2 napig.

71. Cseresznye-Vanília Bourbon whisky

ÖSSZETEVŐK:
- 2 vanília bab , hasított
- 8 uncia szárított vagy friss cseresznye
- 32 uncia a whiskyből

UTASÍTÁS:
a) Keverjük össze mindent, és áztassuk hűvös, sötét helyen legalább 2 napig.

72. Alma-fahéj Whisky

ÖSSZETEVŐK:

- 2 almák, hámozott és apróra vágva
- a maréknyi nak,-nek fahéj botok
- 32 uncia a whiskyből

UTASÍTÁS:

a) Keverjük össze mindent, és áztassuk hűvös, sötét helyen legalább 2 napig.

73. Vanília Bab Bourbon whisky

ÖSSZETEVŐK:
- 8 uncia kedvenc Bourbonod
- 2 vaníliarúd, hosszában kettévágva

UTASÍTÁS:
a) Mindent összekeverünk és 4 napig áztatjuk.
b) Rázza fel naponta néhányszor, hogy az infúzió megtörténjen.
c) A vaníliarudat leszűrjük és tálaljuk.

GIN

74. Cajun martini

ÖSSZETEVŐK:
- 1 Jalapeño paprika; szárig felszeletelve
- ½ üveg gin
- ½ üveg vermut

UTASÍTÁS:
a) Adja hozzá a jalapenót a ginpalackhoz, és töltse meg a gint vermuttal.
b) Hűtőbe tesszük 8-16 órára.
c) Tiszta üvegbe szűrjük.

75. Áfonya gin

ÖSSZETEVŐK:

- 1 üveg gin
- 6 uncia áfonya
- 7 uncia cukor
- Néhány blansírozott mandula; repedt
- 1 db rúd fahéj
- Szegfűszeg

UTASÍTÁS:
a) Öntse a gint egy kancsóba.
b) Az áfonyát nyárssal vagy villával megszurkáljuk, és félig megtelik az üres gin-palackba.
c) Adjuk hozzá a cukrot, a mandulát és a fűszereket.
d) Öntse vissza a gint, hogy megtöltse az üveget. Szilárdan sapka.
e) Néhány napig áztassa meleg helyen, időnként megrázva, amíg a cukor fel nem oldódik.

76. Pomander gin

ÖSSZETEVŐK:

- 1 sevillai narancs
- 2 egész szegfűszeg
- 3 uncia cukor
- 1 üveg gin

UTASÍTÁS:

a) Szúrd bele a szegfűszeget a narancsba, majd tedd a narancsot és a cukrot egy széles nyakú üvegbe.
b) Adjuk hozzá a gint, és addig rázzuk, amíg a cukor fel nem oldódik.
c) Hűvös helyen áztassa 3 hónapig.
d) Szűrjük le és dobjuk ki a szilárd anyagokat.

77. Citrom Gyömbér kardamom Gin

ÖSSZETEVŐK:

- 4 kardamom hüvely
- 2 szelet meghámozott gyömbér, kerekre szeletelve
- 3 citrom, karikára szeletelve
- 1 liter gin

UTASÍTÁS:

a) Keverje össze a gint, a citromot, a gyömbért és a kardamom hüvelyt egy üvegedényben.
b) Legalább 3 napig áztassa.
c) Szűrjük le a szilárd anyagokat.

78. alma és Körte Gin

ÖSSZETEVŐK:

- 750 ml-es üveg gin
- 4 piros alma, szeletelve
- 1 körte, szeletelve
- 1/4 font szárított körte

UTASÍTÁS:
a) Keverje el a gint és a gyümölcsöket egy üvegben, és rázza fel.
b) Merítse sötét helyre.
c) Szűrjük ki a gyümölcsöket.

79.Zöld Tea Gin

ÖSSZETEVŐK:
A ZÖLD TEÁVAL TÖRTÉNŐ GINHEZ
- 750 ml-es üveg gin
- 1/4 csésze zöld tealevél

A SÓS PISZTÁCIÁS MÉZSZIRUPHOZ
- 1/2 csésze víz
- 1/2 csésze sózott pisztácia
- 1/2 csésze méz

UTASÍTÁS:
a) Az összes hozzávalót összekeverjük, és 2 órán át áztatjuk.
b) Szűrjük le a tealeveleket.

PÁLINKA

80.Mandarin narancs Likőr

ÖSSZETEVŐK:

- 32 uncia pálinka
- 2 kiló bio mandarin narancs meghámozva, felszeletelve
- ½ csésze szárított bio édes narancshéj
- Egyszerű szirup

UTASÍTÁS:

a) A héját elosztjuk a két üveg között. Adjon pálinkát minden üveghez, körülbelül egy hüvelyknyire a tetejétől.
b) Hagyja az üvegeket meredeken, naptól távol, legalább 2 napig.
c) Rázza fel az üvegeket naponta egyszer.
d) Szűrjük ki a gyümölcsöt a pálinkából.
e) Adjunk hozzá egyszerű szirupot és egy üveget.
f) Legalább egy hónapig áztassa hűvös, sötét helyen.

81. Amaretto likőr

ÖSSZETEVŐK:
- 1 csésze cukorszirup
- ¾ csésze víz
- 2 fél szárított sárgabarack
- 1 evőkanál mandula kivonat
- ½ csésze tiszta gabonaalkohol és
- ½ csésze víz
- 1 csésze pálinka
- 3 csepp sárga ételfesték
- 6 csepp piros ételfesték
- 2 csepp kék ételfesték
- ½ teáskanál glicerin

UTASÍTÁS:
a) Pároljuk, amíg az összes cukor fel nem oldódik.
b) Keverje össze a kajszibarack felét, a mandulakivonatot és a gabonaalkoholt ½ csésze vízzel és pálinkával.
c) Keverjük hozzá a cukorszirupos keveréket.
d) Fedjük le és áztassuk 2 napig. Távolítsa el a sárgabarack felét.
e) Adjunk hozzá ételfestéket és glicerint.
f) Ismét meredek 1-2 hónapig.

82.Sárgabarack likőr

ÖSSZETEVŐK:

- 1 csésze víz
- 1 font szárított, kimagozott sárgabarack
- 1 evőkanál porcukor
- 1 csésze szeletelt mandula
- 2 csésze brandy
- 1 csésze cukor
- 1 csésze víz

UTASÍTÁS:

a) Áztassa a sárgabarackot forralt vízben 10 percig.
b) Engedje le a maradék vizet.
c) Keverjük össze a sárgabarackot, a porcukrot, a mandulát és a pálinkát.
d) Jól keverjük össze.
e) Fedjük le szorosan, és hagyjuk hűvös, sötét helyen állni legalább 2 hétig.
f) Szűrje le a folyadékot.
g) Keverje össze a cukrot és a vizet egy serpenyőben.
h) Közepes lángon felforraljuk.
i) Addig pároljuk, amíg a cukor teljesen fel nem oldódik.
j) Adjunk hozzá cukorszirupot.
k) Üvegbe töltjük és szorosan lezárjuk.
l) Tálalás előtt legalább 1 hónappal áztassa.

83. Málna likőr

ÖSSZETEVŐK:

- 4 csésze Tiszta száraz málna
- 4 csésze pálinka
- 1 csésze cukorszirup

UTASÍTÁS:
a) Keverjük össze a málnát és a pálinkát egy üvegben.
b) Zárja le és áztassa napos ablakpárkányon 2 hónapig.
c) Adjuk hozzá a cukorszirupot a málnalikőrhöz.
d) Szűrjük le és tároljuk.

84. Almás fahéjas pálinka

ÖSSZETEVŐK:
- 1 kiló piros alma, felnegyedelve és kimagozva
- 1 fahéjrúd
- 2 egész szegfűszeg
- 3 csésze brandy
- 1 csésze cukor
- 1 csésze víz

UTASÍTÁS:
a) Keverje össze az almát, a fahéjrudakat, a szegfűszeget és a pálinkát egy üvegben.
b) Fedjük le szorosan, és hagyjuk 2 hétig hűvös, sötét helyen állni.
c) Szűrje le a folyadékot.
d) Keverje össze a cukrot és a vizet egy serpenyőben. Közepes lángon felforraljuk.
e) Pároljuk, amíg a cukor fel nem oldódik.
f) Adjunk hozzá cukorszirupot.
g) Üvegbe töltjük és szorosan lezárjuk.
h) Tálalás előtt legalább 1 hónappal áztassa.

85. Kalifornia tojáslikőr

ÖSSZETEVŐK:
- 1 liter hidegen elkészített tojáslikőr
- 1½ csésze sárgabarackpálinka
- ¼ csésze Triple Sec
- Szerecsendió, díszítéshez

UTASÍTÁS:
a) Egy kancsóban keverjük össze a tojáslikőrt, a sárgabarackpálinkát és a Triple Sec-et.
b) Fedjük le és tegyük hűtőbe legalább négy órára, hogy az ízek összeérjenek.
c) Szerecsendióval díszítjük.

86. Cseresznye pálinka

ÖSSZETEVŐK:

- ½ font Bing cseresznye. eredt
- ½ kiló kristálycukor
- 2 csésze brandy

UTASÍTÁS:
a) Tegye a meggyet egy 1 literes üvegbe.
b) A cseresznyére öntjük a cukrot.
c) A cukrot és a cseresznyét öntsük pálinkával.
d) Meredek 3 hónapig. NE RÁZZA.
e) Szűrjük üvegbe.

87.Mandula likőr

ÖSSZETEVŐK:

- 1 csésze cukorszirup
- 2 csésze vodka
- 2 csésze brandy
- 2 teáskanál mandula kivonat

UTASÍTÁS:

a) Keverje össze a cukorszirupot, a vodkát, a pálinkát és a mandula kivonatot.
b) Palackokba töltjük.
c) Tálalás előtt legalább 1 hónappal áztassa.

88. Körte likőr

ÖSSZETEVŐK:
- 1 kiló kemény, érett körte, kimagozva és felkockázva
- 2 egész szegfűszeg
- 1 csésze brandy
- 1 db 1 hüvelykes fahéjrúd
- Csipet szerecsendió
- 1 csésze cukor

UTASÍTÁS:
a) Keverje össze a szegfűszeget, a fahéjat, a szerecsendiót, a cukrot és a pálinkát.
b) Meredek 2 hétig.
c) Rázza fel az üveget naponta. Szűrjük le a folyadékot.

89.Gyömbér Likőr

ÖSSZETEVŐK:

- 2 uncia friss gyömbér gyökér, meghámozva
- vaniliás bab
- 1 csésze cukor
- 1½ csésze víz
- 1 bio narancs héja
- 1½ csésze brandy

UTASÍTÁS:

a) Egy serpenyőben forraljuk fel a gyömbért, a vaníliarudat, a cukrot és a vizet.
b) 20 percig pároljuk.
c) Levesszük a tűzről és hagyjuk kihűlni.
d) Öntsük a szirupot egy üvegbe, és adjuk hozzá a narancshéjat és a pálinkát.
e) Zárjuk le, rázzuk fel, és hagyjuk állni egy napig.
f) Vegyük ki a vaníliarudat, és hagyjuk állni még egy napig.
g) Szűrjük üvegbe, és áztassuk 2 hétig felhasználás előtt.

90.Kávé vanília likőr

ÖSSZETEVŐK:

- 2 o unce s jó instant kávé
- 2 csésze cukor
- 4 o unce s vanília, apróra vágva
- 1-2 madagaszkári vagy tahiti vaníliarúd
- üveg pálinka

UTASÍTÁS:
a) A vizet, a kávét és a cukrot felforrósítjuk.
b) Levesszük a tűzről és lehűtjük.
c) Adjuk hozzá a 4 uncia vaníliát.
d) Öntsük hozzá a kávét/cukrot/vizet /pálinkát és keverjük össze.
e) Meredek két-három hónapig.
f) A vaníliarudat leszűrjük.

91.Kardamom-ábra Pálinka

ÖSSZETEVŐK:
- 2 egész kardamom hüvely
- 1 csésze szárított vagy friss füge, félbevágva
- 32 uncia pálinkából _

UTASÍTÁS:
a) Keverje össze az összes összetevőt.
b) Fedjük le szorosan, és áztassuk hűvös, sötét helyen legalább 2 napig.

92.Szilva-fahéj Pálinka

ÖSSZETEVŐK:
- 2 szilva vagy aszalt szilva kimagozva és negyedelve
- egy marék fahéjrúd
- 32 uncia pálinkából _

UTASÍTÁS:
a) Öntse az infúzió hozzávalóit az alkoholba, fedje le szorosan,
b) Hűvös, sötét helyen áztassa minimum 2 napig.

93. Chai-Körte Pálinka

ÖSSZETEVŐK:
- 2-3 zacskó chai tea
- 2 körte, szeletelve
- 32 uncia pálinkából _

UTASÍTÁS:
a) Merítsen 2-3 zacskó chai teát a pálinkába.
b) Meredek pálinka 2 körtével 2 napig.

KONYAK

94. Nagy narancsos-konyak likőr

ÖSSZETEVŐK:

- ½ csésze granulált cukor
- 2 csésze konyak vagy francia pálinka
- ⅓ csésze narancshéj
- ½ teáskanál glicerin

UTASÍTÁS:

a) A héjat és a cukrot egy tálba tesszük.
b) Péppé pépesítjük, és mozsártörővel addig keverjük, amíg a cukor felszívódik.
c) Tegye áztatóedénybe. Adjunk hozzá konyakot.
d) Keverjük össze, zárjuk le és áztassuk hűvös, sötét helyen 2-3 hónapig.
e) Az első áztatás után öntse át egy finom hálószűrőn.
f) Öntsön glicerint egy áztatóedénybe, és helyezze a vászonzacskót a szűrőbe.
g) Szűrjük át a ruhán.
h) Fakanállal keverjük össze.
i) Meredek még 3 hónapig.

95. Friss füge curacao

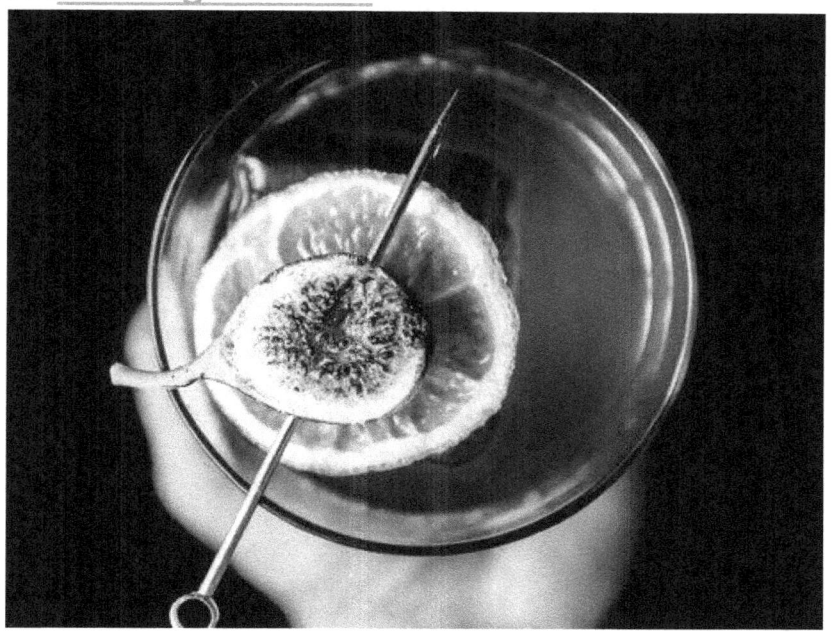

ÖSSZETEVŐK:
- 12 Fig s , hámozott és negyedelve
- 1 evőkanál konyak
- 1 csésze kemény tejszín, felvert
- ⅓ csésze Curacao

UTASÍTÁS:
a) Pácold a fügét a konyakban 30 percig vagy tovább.
b) Keverjük össze a tejszínt és a Cura c ao.
c) Hajtsa bele a fügét.

96. Chai-infundált Konyak

ÖSSZETEVŐK:

- 8 uncia konyak
- 2 zacskó chai tea

UTASÍTÁS:
a) Egy üvegben keverje össze a Cognacot a teafilterekkel.
b) 2 órán át ázni.
c) Szűrjük le légmentesen záródó edénybe.

97. Cseresznye-infúziós konyak

ÖSSZETEVŐK:

- 33 uncia konyak
- 0,15 uncia vanília hüvely
- 23 uncia Cseresznye, magozott
- 7 uncia porcukor

UTASÍTÁS:
a) Töltsünk meg egy kétnegyedes üveget kimagozott cseresznyével.
b) Adjunk hozzá porcukrot, vaníliarudat és konyakot.
c) Zárja le az edényt és áztassa 2 hétig

98.Füge és Grand Marnier likőr

ÖSSZETEVŐK:

- 1/4 uncia egyszerű szirup
- 3/4 uncia Grand Marnier
- 1/2 uncia friss narancslé
- 2 uncia fügével átitatott konyak
- 1/2 uncia friss citromlé

UTASÍTÁS:

a) Keverje össze a konyakot, a Grand Marnier-t, a citromlevet, a narancslevet és az egyszerű szirupot.
b) Jól rázzuk fel és áztassuk néhány órán át.
c) Duplán szűrjük egy pohárba.

99. Őszibarack Infúzióban Konyak

ÖSSZETEVŐK:

- 500 ml konyak
- 8 egész szárított őszibarack apróra vágva

UTASÍTÁS:
a) Helyezze az őszibarackot egy pohárba.
b) Öntsön konyakot egy edénybe, keverje meg és fedje le.
c) 24 órán át áztassa, fénytől távol.
d) Szűrjük ki az őszibarackot.

100. Ananász narancs keserű likőr

ÖSSZETEVŐK:
- 1/2 uncia ananászos konyak
- 1/4 uncia maraschino likőr
- 1 csipetnyi narancskeserű
- 1 csipetnyi Angostura narancskeserű

UTASÍTÁS:
a) Keverje össze a konyakot, a maraschino likőrt és a narancskeserűt.
b) Keverjük össze.
c) Meredjen néhány óráig.

KÖVETKEZTETÉS

Reméljük, hogy a „A VÉGREHAJTÓ BOTANIKAI KOKTÉL ÚTMUTATÓ" utolsó oldalaihoz érve, a kerttől a pohárig terjedő mixológián keresztüli utazásunk bizsergetően hagyta ízlelőbimbóit az izgalomtól. A botanikai koktélok világa az olyan italok készítésének művészetéről tanúskodik, amelyek nemcsak felfrissítenek, hanem felébresztik is az érzékeket a természet esszenciájával.

Ez a 100 gyors és egyszerű recept a zamatos citrusos jegyektől az ízben táncoló fűszernövényekig annak az alkímiának az ünnepe, amely akkor következik be, amikor a friss összetevők találkoznak kedvenc szesszel. Akár felrázta ezeket a koktélokat egy nyüzsgő összejövetelhez, akár egy csendes elmélkedés pillanatát élvezte egy kerti itallal a kezében, bízunk benne, hogy minden korty a botanikai boldogság helyére vitte.

Miközben folytatja a kerttől üvegig terjedő irányzat felfedezését, ihletet kapjon, hogy kísérletezzen saját kombinációival, hogy a botanikai szépséget bevigye a mixológiai törekvéseibe. Íme, még számtalan pillanatnyi pohárcsörgés, nevetés, és minden kortyban a természet bőséges ízének elragadó íze. Üdv a tökéletes botanikai koktélélményhez!

www.ingramcontent.com/pod-product-compliance
Lightning Source LLC
Chambersburg PA
CBHW071906110526
44591CB00011B/1571